Highlights Hidden Pictures Eagle-Eye

똑똑해지는 NEW 숨은그림찾기 5
야구

KB026132

아라미

이렇게 활용하세요!

숨은그림찾기의 세계로 오신 것을 환영합니다.
그림 속에 숨은 그림을 찾으며 즐거운 시간을 보내세요!

숨은그림찾기를 하면서 관찰력, 주의력, 집중력을 키워요.

퍼즐 맞히기, 생각해 보세요를 하면서 사고력이 자라요.

숨은 그림에 스티커 붙이고 색칠하기, 내가 직접 만드는
숨은그림찾기 등의 활동을 통해 창의력과 상상력이 쑥쑥 자라요.

숨은그림찾기 이래서 좋아요!

● 숨은 그림을 찾으면서 수의력과 집중력이 자랍니다.
● 하나하나 세밀하게 살피는 관찰력을 키워 줍니다.

● 숨은 그림을 다 찾으려면 인내와 끈기가 필요합니다.
● 높은 성취감과 성실한 학습 태도를 길러 줍니다.

Highlights Eagle-Eye Hidden Pictures

5권

차례

30쪽에서
이 그림을 찾아보세요.

14쪽에서
이 그림을 찾아보세요.

5쪽에서
이 그림을 찾아보세요.

COVER ILLUSTRATED BY JEF CZEKAJ

꿀 공장의 꿀벌들

꿀 공장에서 꿀벌들이 일하고 있어요.
분주한 꿀벌들과 함께 숨은 그림을 찾아보세요.

연필
pencil

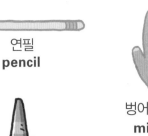
벙어리장갑
mitten

원뿔형 도로표지
traffic cone

바나나
banana

도미노
domino

막대사탕
lollipop

망치
mallet

테니스 라켓
tennis racket

하키스틱
hockey stick

조각 오렌지
wedge of orange

실크해트(톱해트)
top hat

팝콘
popcorn

자
ruler

말발굽
horseshoe

칫솔
toothbrush

볼링장에서

아이들이 볼링을 하고 있어요.
숨은 그림을 찾아 스티커를 붙인 후 예쁘게 색칠하세요.

6

ILLUSTRATED BY BARRY GOTT

여우네 꽃집

여우들이 꽃을 사서 집을 예쁘게 꾸미려고 해요.
꽃향기를 맡으며 숨은 그림을 찾아보세요.

피자
pizza

지렁이
worm

당근
carrot

풍선
balloon

포크
fork

아이스크림콘
ice-cream cone

그믐달
crescent moon

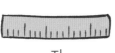

자 **ruler**

마이크
microphone

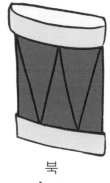

왕관
crown

북
drum

물고기
fish

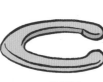

손목시계
wristwatch

말발굽
horseshoe

퍼즐 맞히기

여우 네 마리가 꽃을 고르고 있어요.
아래 설명을 읽고 각각 어떤 꽃을 몇 송이씩 주문했는지 알아맞혀 보세요.
맞는 칸에는 O를 하고, 맞지 않는 칸에는 X를 하세요.

	펠릭스	피오나	프레드	프란체스카
데이지				
장미				
백합				
해바라기				
1				
2				
6				
12				

- 펠릭스는 프란체스카가 주문한 꽃의 절반만 주문했어요.
- 피오나는 장미 알레르기가 있어요. 그래서 다른 꽃 6송이를 주문했어요.
- 프레드는 데이지를 좋아해서 12송이 주문했어요.
- 여자 여우들은 백합을 좋아하지 않아요.

ILLUSTRATED BY DAVID COULSON

도전해 보세요!

태권도장에 29개의 숨은 그림이 있대요.
하지만 어떤 그림이 숨어 있는지는 알 수 없어요.
자, 숨은그림찾기에 도전해 보세요!

ILLUSTRATED BY PAULA BECKER

수상스키 타기

시원한 물살을 가르며 수상스키를 타고 있어요.
물에 빠지지 않게 조심하면서
숨은 그림을 찾아보세요.

ILLUSTRATED BY MIKE DAMMER

풍선
balloon

벙어리장갑
mitten

칫솔
toothbrush

머리빗
comb

왕관
crown

뼈다귀
dog bone

낚싯바늘
fishhook

연필
pencil

양말
sock

찻잔
teacup

종
bell

국자
ladle

당근
carrot

조각 파이
slice of pie

12

내가 만드는 숨은 그림찾기

그림을 그려서 아래 못을 숨겨 보세요. 어떻게 해야 할지 잘 모르겠으면 위 그림을 참고하세요.

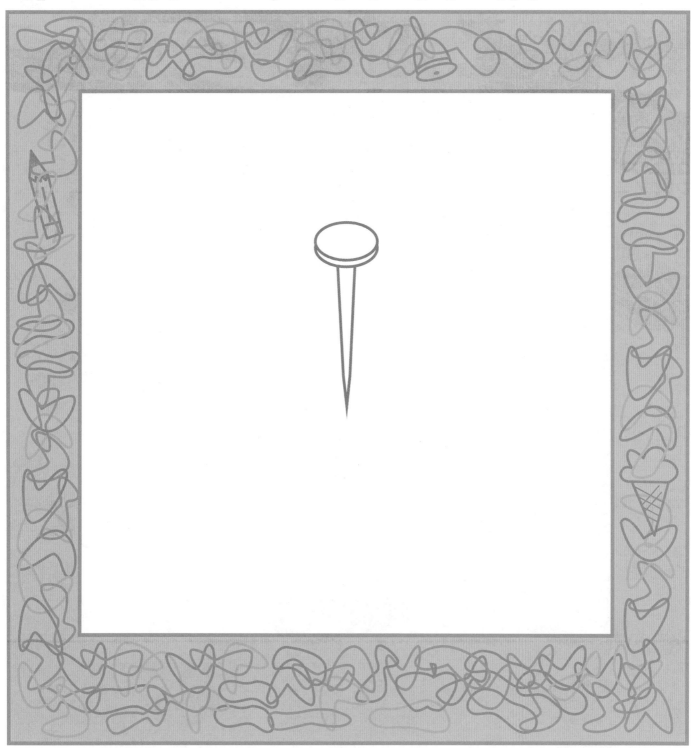

스케이트장에서

고양이들이 신나게 스케이트를 타고 있어요.
벙어리장갑 20개를 찾아보세요.

생각해 보세요!

스케이트 타기와 걷기의 비슷한 점과 다른 점을 말해 보세요.

고양이들이 실제로 스케이트를 탈 수 있을까요? 아니면 탈 수 없을까요? 그렇게 생각한 이유를 말해 보세요.

스케이트를 신고 빙판 위에서는 할 수 있지만 맨땅에서는 할 수 없는 동작 세 가지를 말해 보세요.

추운 날, 여러분들은 밖에 나가서 어떤 놀이를 하나요?

장갑이 없다면 꽁꽁 언 손을 어떻게 녹일 수 있을까요?

추운 날과 더운 날 중 어떤 날이 더 좋은가요? 선택한 날씨가 왜 좋은지 이유를 말해 보세요.

어떤 곳이 날씨가 항상 춥거나, 항상 더울까요?

외출하기 전에 바깥 날씨가 얼마나 추운지 어떻게 알 수 있나요?

개구리들의 합창

개구리들이 개골개골 합창을 하고 있어요.
숨은 그림을 찾아 스티커를 붙인 후 예쁘게 색칠하세요.

외계인의 지구 탐험

마스크를 하고 있는 저 사람은 누굴까?

재츠

입 냄새를 잡아내는 경찰관이야. 사람들의 입속을 조사해서 안 좋은 냄새를 잡아내지.

내 입에서도 안 좋은 냄새가 날까?

나 지금 코 막고 이야기하고 있어.

저클

숨은 그림을 찾아보세요.

머그잔
mug

달팽이
snail

사과
apple

유령
ghost

베이컨
slice of bacon

못
nail

콜리플라워
cauliflower

마카로니
elbow noodle

버섯
mushroom

초콜릿
chocolate bar

골프채
golf club

개구리
frog

이글루
igloo

WRITTEN BY ANDREW BRISMAN;
ILLUSTRATED BY GIDEON KENDALL

숨은 조각 찾기

오른쪽 그림에서 아래 퍼즐 조각 일곱 개를 찾아보세요.

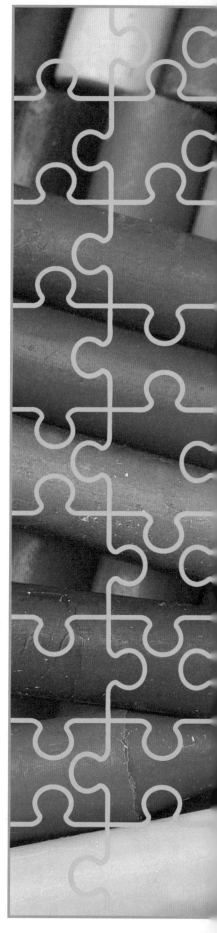

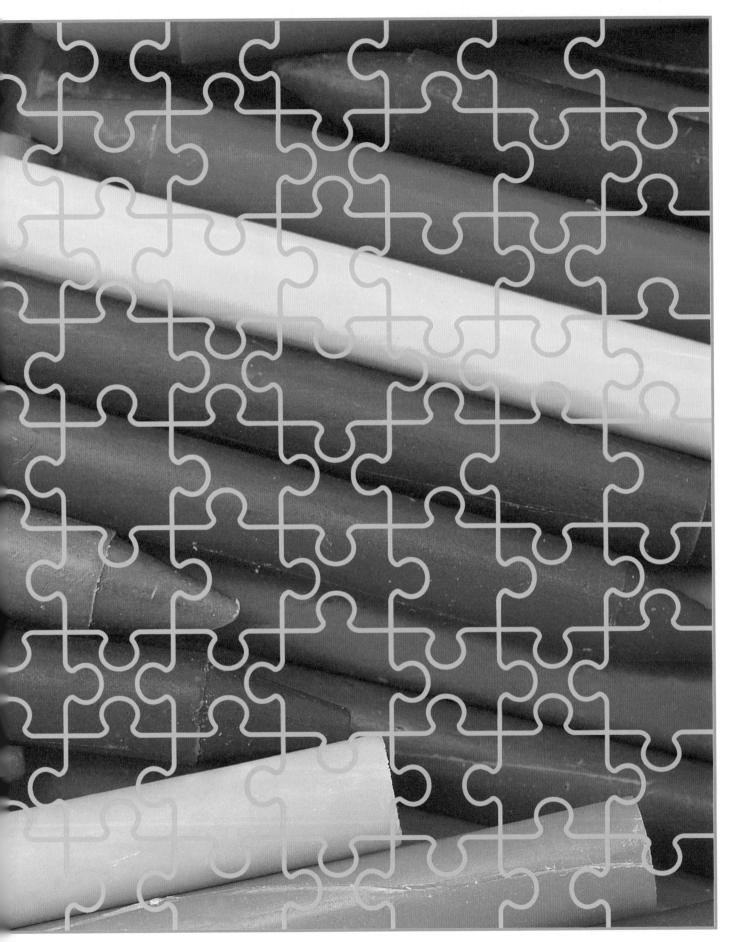

하이디와 지크 잃어버린 지휘봉을 찾아라!

공원에서 곧 작은 음악회가 열려요. 그런데 무슨 일일까요?

지휘자가 무대 위에서 급하게 무엇인가를 찾고 있어요.

그때 트럼펫 연주자가 하이디와 지크에게 달려와 말했어요.

"도와줘! 지휘봉이 사라졌대. 지휘봉이 없으면 지휘를 할 수가 없어."

하이디가 지휘자에게 물었어요.

"지휘자 선생님, 지휘봉은 어떻게 생겼나요?"

지휘자가 대답했어요.

"가늘게 생긴 나무 막대기란다. 한쪽 끝에 작은 손잡이가 있지."

꼬리를 흔들고 있는 지크를 보자 하이디는 좋은 생각이 났어요.

"지크, 가서 막대기를 물어 와!"

지크는 신나게 달려갔어요. 개들은 원래 막대기를 잘 물어 오거든요.

지휘봉을 찾아보세요. 그리고 다른 숨은 그림들도 찾아보세요.

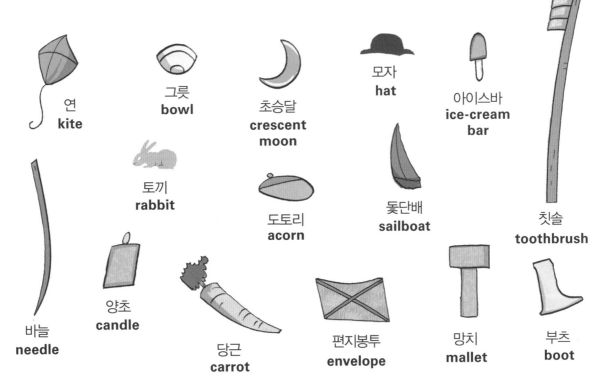

연
kite

그릇
bowl

초승달
crescent moon

모자
hat

아이스바
ice-cream bar

토끼
rabbit

도토리
acorn

돛단배
sailboat

칫솔
toothbrush

바늘
needle

양초
candle

당근
carrot

편지봉투
envelope

망치
mallet

부츠
boot

WRITTEN BY JULIE WINTERBOTTOM;
ILLUSTRATED BY CHUCK DILLON

술래잡기

아이들이 신나게 술래잡기를 하고 있어요.
숨은 그림을 찾아 스티커를 붙인 후 예쁘게 색칠하세요.

바닷속 탐험

스노클링을 하는 아이들과 함께
바닷속을 탐험하면서 숨은 그림을 찾아보세요.

조각 레몬
wedge of lemon

부채
fan

포도
grapes

말발굽
horseshoe

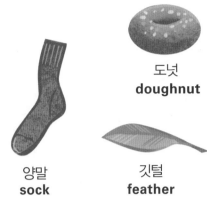

양말
sock

도넛
doughnut

깃털
feather

라임
lime

야구공
baseball

단추
button

당근
carrot

나비
butterfly

지팡이
cane

퍼즐 맞히기

아래 설명을 읽고 누가 무슨 요일에
어떤 바다 생물을 보았는지 알아맞혀 보세요.
맞는 칸에는 O를 하고, 맞지 않는 칸에는 X를 하세요.

	프리다	아이작	사라	헨리
흰동가리				
불가사리				
문어				
엔젤피시				
월요일				
화요일				
수요일				
목요일				

- 프리다는 남자 아이 중 한 명이 엔젤피시를 보기 하루 전에
  다리가 여덟 개인 바다 생물을 보았어요.
- 사라는 첫날 바다 탐험을 나가서 흰동가리를 보았어요.
- 헨리는 화요일에 지느러미가 있는 바다 생물을 보지 못했어요.

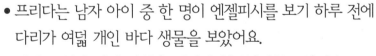

보이지 않는 잉크 만들기

준비물
• 레몬 • 그릇 • 물 • 면봉
• 흰 종이 • 전등 • 도와줄 어른

1 레몬을 반으로 잘라 그릇에 대고 즙을 짜세요.
레몬즙에 물을 몇 방울 떨어뜨려 섞어요.

2 면봉에 레몬 물을 묻혀서 종이에 글씨를 써요.
레몬 물이 다 마르면 글자가 사라져요.

3 종이를 전등 가까이에 대면 사라진 글자가 다시 나타나요.

숨은 그림을 찾아보세요.

깔때기
funnel

요리사 모자
chef's hat

톱
saw

딸기
strawberry

칫솔
toothbrush

부엉이
owl

달걀 프라이
fried egg

야구방망이
baseball bat

옷걸이
coat hanger

컵케이크
cupcake

세 잎 클로버
three-leaf clover

연필
pencil

우산
umbrella

볼링핀
bowling pin

밀방망이
rolling pin

ILLUSTRATED BY KELLY KENNEDY

29

미술 시간

미술 시간에 자기 얼굴을 그리고 있어요.
작품들 사이로 숨은 그림을 찾아보세요.

ILLUSTRATED BY JIM STECK

머리빗
comb

30

부메랑
boomerang

펼쳐진 책
open book

조개껍데기
seashell

무당벌레
ladybug

조각 오렌지
**wedge of
orange**

지팡이
cane

야구공
baseball

가위
scissors

풍선
balloon

단추
button

파티 모자
party hat

우표
stamp

식빵
**slice of
bread**

반창고
**adhesive
bandage**

내가 만드는
숨은 그림찾기

그림을 그려서 아래 칫솔을 숨겨 보세요. 어떻게 해야 할지 잘 모르겠으면 위 그림을 참고하세요.

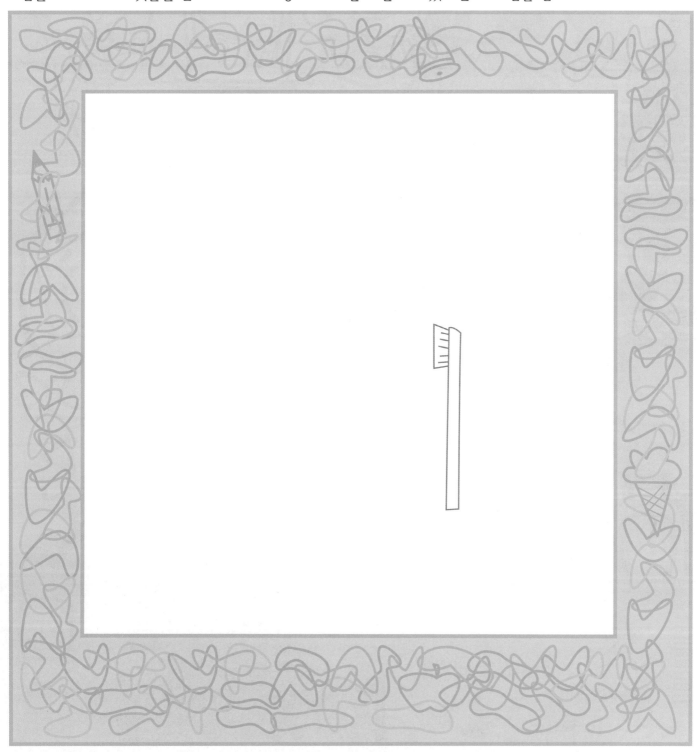

바닷가 산책

뱃놀이하기 좋은 날이에요. 하지만 배가 보이지 않네요.
숨겨진 20개의 돛단배를 찾아보세요.

생각해 보세요!

돛단배는 아주 오래전부터 이용되었어요. 돛단배 말고 또 어떤 종류의 배가 있나요?

돛단배는 바람의 힘으로 움직여요. 그림에서 바람의 힘으로 움직이고 있는 것 다섯 가지를 찾아보세요.

돛단배와 모터보트의 비슷한 점과 다른 점을 말해 보세요.

사람들은 어떤 곳에서 배를 타나요? 배가 못 다니는 곳에서는 어떤 것을 타고 다니나요?

나만의 배를 상상해 보세요. 여러분의 배는 어떻게 생겼나요? 어떤 힘을 이용해 앞으로 나아가나요?

바람이 불지 않으면 돛단배는 어떻게 앞으로 나아갈까요?

외계인의 지구 탐험

이곳은 외로운 책들의 나라야. 사람들이 책들의 친구가 되어 주고 있어.

재즈

사람들은 외로운 책들을 자기 집에 데려가기도 해. 하지만 얼마 뒤에 책들을 다시 이곳으로 데려와야 해.

이곳에는 늘 '쉿!'이라고 말하는 사람이 있어. 모든 사람들은 그의 명령에 따라야 하지.

'쉿!' 조용히 하고 책 좀 읽어.

저클

숨은 그림을 찾아보세요.

닭다리
drumstick

도토리
acorn

열차 선로
train track

콩
bean

빗자루
broom

토끼
rabbit

고층 빌딩들
skyscrapers

초콜릿
chocolate bar

편지봉투
envelope

울타리
fence

종
bell

조각 케이크
slice of cake

칫솔
toothbrush

원반
flying disk

자동차 도로
highway

WRITTEN BY ANDREW BRISMAN;
ILLUSTRATED BY GIDEON KENDALL

부엉이 학교

부엉이들이 야간 학교에서 공부하고 있어요.
숨은 그림을 찾아 스티커를 붙인 후 예쁘게 색칠하세요.

싹둑싹둑 미용실

개들이 미용실에서 싹둑싹둑
털을 자르고 있네요.
숨은 그림을 찾아보세요.

연
kite

콜리플라워
cauliflower

양말
sock

모자
hat

빨래집게
clothespin

클립
paper clip

지팡이
cane

책
book

벙어리장갑
mitten

야구공
baseball

나팔
bugle

노
oar

머그잔
mug

장난감 자동차
toy car

자
ruler

물고기
fish

ILLUSTRATED BY KEVIN RECHIN

39

하이디와 지크
잃어버린 팔찌를 찾아라!

케빈은 암벽등반 공원에서 생일 파티를 열었어요.

아이들은 생일 파티를 하고 나서 암벽등반을 했지요.

그런데 집에 갈 시간이 되자, 노라가 갑자기 울음을 터뜨렸어요.

"암벽등반을 하기 전에 팔찌를 벗어서 잔디밭에 놓았는데 사라져 버렸어."

하이디는 파티장 주변을, 지크는 잔디밭을 샅샅이 살폈어요.

그런데 지크가 갑자기 암벽으로 달려가 앞발을 올려놓았어요.

"지크, 개는 암벽등반을 할 수 없어!"

그때 하이디는 노라의 팔찌를 발견했지요.

"하하하! 팔찌가 암벽등반을 하고 있네?"

잃어버린 팔찌를 찾아보세요. 그리고 다른 숨은 그림들도 찾아보세요.

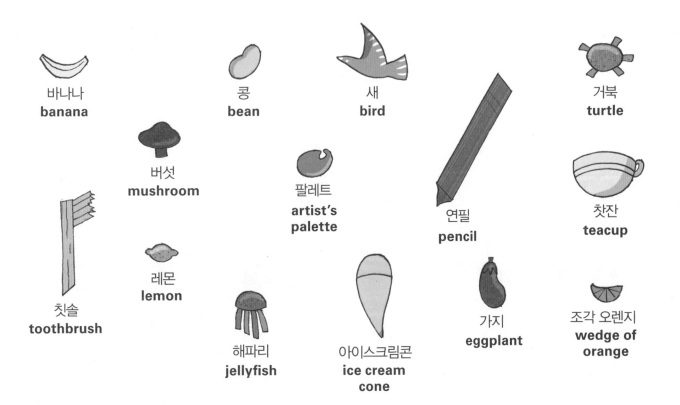

바나나
banana

콩
bean

새
bird

거북
turtle

버섯
mushroom

팔레트
artist's palette

연필
pencil

찻잔
teacup

칫솔
toothbrush

레몬
lemon

해파리
jellyfish

아이스크림콘
ice cream cone

가지
eggplant

조각 오렌지
wedge of orange

WRITTEN BY JULIE WINTERBOTTOM;
ILLUSTRATED BY CHUCK DILLON

도전해 보세요!

게임장에 30개의 숨은 그림이 있어요.
하지만 어떤 그림이 숨어 있는지는 알 수 없어요.
자, 숨은그림찾기에 도전해 보세요!

말풍선 채우기

아이들이 망원경으로 밤하늘을 관찰하고 있어요.
다른 행성에 살고 있는 외계인들을 발견하고
아이들은 어떤 말을 했을까요?
말풍선을 채운 후 숨은 그림을 찾아보세요.

양초, 오리, 벙어리장갑, 머그잔, 버섯

ILLUSTRATED BY CATHERINE COPELAND

4-5 꿀 공장의 꿀벌들

6-7 볼링장에서

8-9 여우네 꽃집

9 퍼즐 맞히기

펠릭스 – 백합, 1
피오나 – 해바라기, 6
프레드 – 데이지, 12
프란체스카 – 장미, 2

10-11 도전해 보세요!

1 포크	11 국자	21 나뭇잎
2 하트	12 바늘	22 사과
3 왕관	13 반지	23 지렁이
4 머핀	14 빨대	24 지팡이
5 달걀 프라이	15 깔때기	25 조각 파이
6 붓	16 편지봉투	26 자
7 그믐달	17 바나나	27 숟가락
8 연필	18 물고기	28 손전등
9 찻잔	19 소금통	29 피자
10 양말	20 장갑	

정답

12 수상스키 타기

14–15 스케이트장에서

16–17 개구리들의 합창

18–19 외계인의 지구 탐험

20–21 숨은 조각 찾기

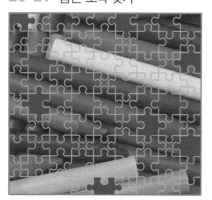

22–23 하이디와 지크,
잃어버린 지휘봉을 찾아라!

24–25 술래잡기

26–27 바닷속 탐험

27 퍼즐 맞히기

프리다 – 문어, 수요일
아이작 – 엔젤피시, 목요일
사라 – 흰동가리, 월요일
헨리 – 불가사리, 화요일

28–29 보이지 않는 잉크 만들기

30 미술 시간

32–33 바닷가 산책

34–35 외계인의 지구 탐험

36–37 부엉이 학교

38-39 싹둑싹둑 미용실

40-41 하이디와 지크, 잃어버린 팔찌를 찾아라!

42-43 도전해 보세요!

1 삼각깃발	11 반지	21 요요
2 단추	12 자	22 지팡이 사탕
3 하키스틱	13 핀셋	23 장갑
4 머리빗	14 반창고	24 지렁이
5 바늘	15 볼링공	25 칫솔
6 펜	16 달걀 프라이	26 빨대
7 클립	17 페인트 붓	27 새
8 압정	18 낚싯바늘	28 피자
9 편지봉투	19 소금통	29 바나나
10 크레용	20 연필	30 조각 파이

44 말풍선 채우기

볼링장에서 6-7쪽

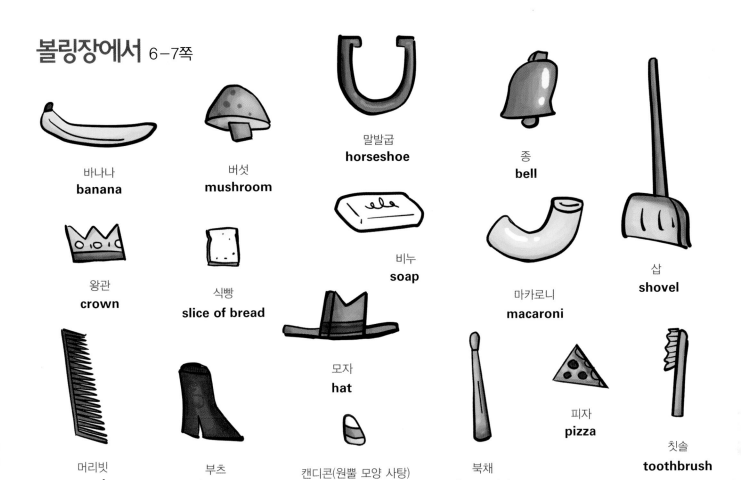

바나나
banana

버섯
mushroom

말발굽
horseshoe

종
bell

왕관
crown

식빵
slice of bread

비누
soap

마카로니
macaroni

삽
shovel

모자
hat

피자
pizza

칫솔
toothbrush

머리빗
comb

부츠
boot

캔디콘(원뿔 모양 사탕)
candy corn

북채
drumstick

개구리들의 합창 16-17쪽

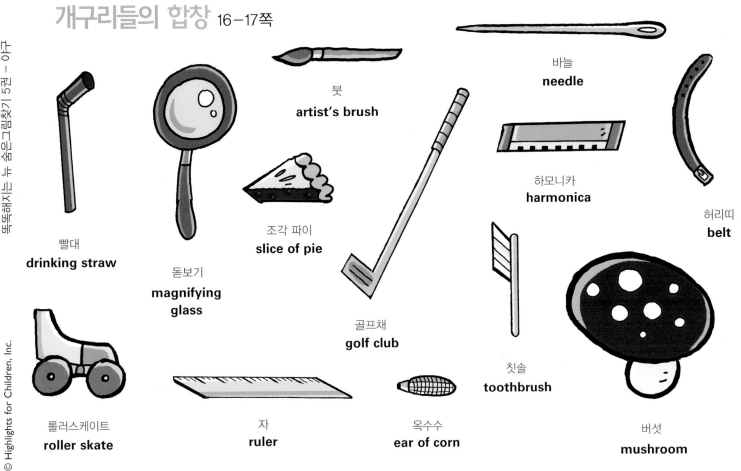

붓
artist's brush

바늘
needle

빨대
drinking straw

조각 파이
slice of pie

하모니카
harmonica

허리띠
belt

돋보기
magnifying glass

골프채
golf club

칫솔
toothbrush

롤러스케이트
roller skate

자
ruler

옥수수
ear of corn

버섯
mushroom